MY FIRST

100

shona words

Written by Paidamoyo

ISBN 978-1-77925-465-8

This book is a Publication of WING UP PUBLISHING

www.winguppublishing.com
info@winguppublishing.com

WING UP
PUBLISHING

Greetings

Ndelpl?

Hello

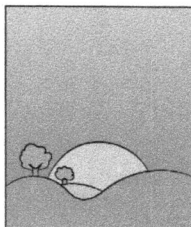

Mamuka sel?

Good Morning

Greetings

Maswera sei?
Good Afternoon

Manheru
Good Evening

Morara zvakanaka
Goodnight

Family

AMAI

BABA

MUKOMANA

MUSIKANA

AMBUYA

SEKURU

Body Parts

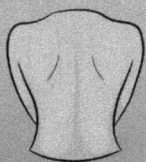

Musana

Musoro

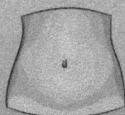

Dumbu

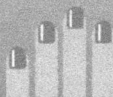

Zvigunwe

Zvigunwe

Body Parts

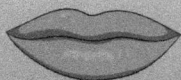

Muromo

Mazino

Makumbo

Maziso

Mabvi

Body Parts

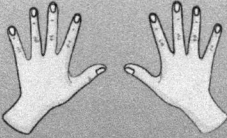

Maoko

Nzeve

Nzara

Mhino

Rurimi

Actions

Kutenga

Kutamba

Kubvuma

Kuramba

Kuseka

Kuchema

Kurara

Kumhanya

Actions

Kumira

Kugara

Kuimba

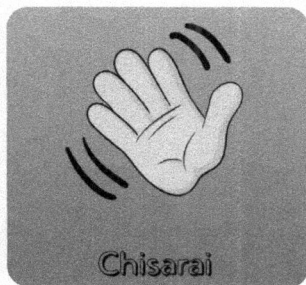
Chisarai

Kutsvaira

Kusuka

Kudya

Kukwazisana

Kunwa

Kufamba

Kubika

Animals

BERE

Hyena

GONZO

Mouse

SHIRI

Bird

CHIPEMBERE

Rhinoceros

Animals

MBUDZI

Goat

KATSI

Cat

NZOU

Elephant

SHUMBA

Lion

Animals

MOMBE

Cow

IMBWA

Dog

TSOKO

Monkey

HWAI

Sheep

Animals

HUKU

Chicken

NYATI

Buffalo

MBIZI

Zebra

Animals

DATYA

Frog

HOVE

Fish

TSURO

Rabbit

Animals

INGWE

Leopard

NGURUVE

Pig

DHADHA

Duck

Days of the week

Muvhuro

Monday

Chipiri

Tuesday

Chitatu

Wednesday

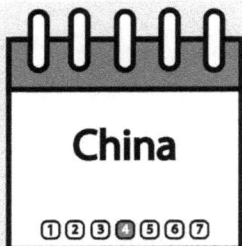

China

Thursday

Days of the week

Chishanu

① ② ③ ④ ⑤ ⑥ ⑦

Friday

Mugovera

① ② ③ ④ ⑤ ⑥ ⑦

Saturday

Svondo

① ② ③ ④ ⑤ ⑥ ⑦

Sunday

Months of the year

Ndira

January

Kukadzi

February

Kurume

March

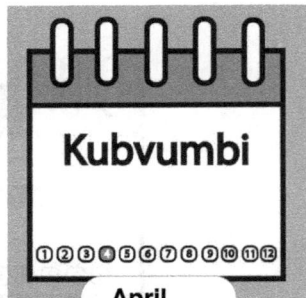

Kubvumbi

April

Months of the year

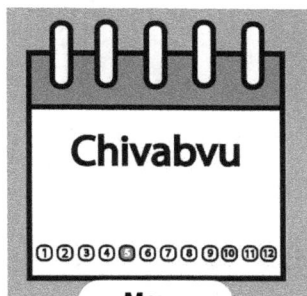

Chivabvu

① ② ③ ④ ⑤ ⑥ ⑦ ⑧ ⑨ ⑩ ⑪ ⑫

May

Chikumi

① ② ③ ④ ⑤ ⑥ ⑦ ⑧ ⑨ ⑩ ⑪ ⑫

June

Chikunguru

① ② ③ ④ ⑤ ⑥ ⑦ ⑧ ⑨ ⑩ ⑪ ⑫

July

Nyamavhuvhu

① ② ③ ④ ⑤ ⑥ ⑦ ⑧ ⑨ ⑩ ⑪ ⑫

August

Months of the year

Gunyana

September

Gumiguru

October

Mbudzi

November

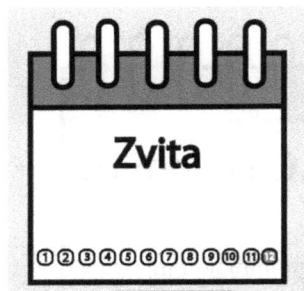

Zvita

December

General Information

NEZURO

Yesterday

NHASI

Today

MANGWANA

Tomorrow

HEMBE

IMBA

MUDHEBHE

MUKOMBE

NDIRO

SHANGU

TAPFURA

PENZURA

www.ingramcontent.com/pod-product-compliance
Lightning Source LLC
Chambersburg PA
CBHW060604030426
42337CB00019B/3599